EXTRAIT DU MANUEL DU LÉGISLATEUR ET DU CITOYEN.

DES

MOYENS D'ARRACHER LA FRANCE

AUX MAUX QUI PÈSENT SUR ELLE

ET AUX DÉSASTRES PLUS GRANDS DONT ELLE EST MENACÉE;

Par M. F. ALLIOT,

Auteur de *la Philosophie des Sciences*.

DES MOYENS
D'ARRACHER LA FRANCE

AUX

MAUX QUI PÈSENT SUR ELLE

ET AUX

DÉSASTRES PLUS GRANDS DONT ELLE EST MENACÉE;

PAR M. F. ALLIOT,

Auteur de la Philosophie des sciences.

Plus nous aurons de chefs, et plus mal nous serons gouvernés; plus nous en changerons souvent, moins il y aura de confiance, de crédit public, d'activité dans les industries et les travaux, et de félicité pour les peuples.

Nos régénérateurs se proposent de décréter que la République sera gouvernée par un président élu pour trois années; mais, dans les circonstances présentes, et au milieu de tant de partis, qu'il faut contenir efficacement, qui allez vous nommer? Ferez-vous choix de cet écrivain, qui parût d'abord à la France comme une étoile de salut; mais qui, durant une gestion de quelques mois, vient de se révéler avec si peu de force de caractère, tranchons le mot, avec tant d'incapacité, pour régir une grande nation, en dominer les éléments en confusion, et en lancer d'une main sûre au port le vaisseau ballotté par de fréquents orages. Ses allocutions chaleureuses, adressées aux populations à diverses époques, avaient déjà, depuis longtemps, donné la mesure de ses connaissances politiques et de sa rare inexpérience, aux esprits sérieux, et concourt maintenant à accabler ce même peuple, auquel il faisait luire des perspectives si riantes de bonheur, et pour lequel il peut si peu de chose dans la situation de détresse qu'il a provoquée sur lui?

Nommerez-vous ce fougueux démagogue, ce tyran brouillon et insensé qui, dès son début au pouvoir, a poussé l'insolente audace jusqu'à régenter la France comme un enfant indocile, la verge à la main, et a osé mettre toute une vaste contrée au ban si prématuré de ses folies? Certains hommes tiennent beaucoup à ce qu'on change souvent de chefs suprêmes, parce qu'ils espèrent monter à ce poste élevé et s'y engraisser à nos dépens; la plupart des autres n'y tiennent que parce qu'ils n'osent dire autrement que les plus audacieux. Il n'y a que des ambitieux ou des dupes qui puissent désirer un état de chose qui rendrait nos malheurs interminables. Que le citoyen français qui se sent assez de lumières et de puissance dans le caractère pour se placer aujourd'hui sans effroi au timon de nos affaires, se lève, et qu'il vienne consoler la France, sur le bord du précipice creusé devant ses pas, et de l'effrayant abîme de maux où elle est près de descendre.

Ce serait certes se faire une illusion bien étrange, bien grossière, que de se figurer que l'élection du chef suprême de l'État est un moyen sûr de prévenir les abus du pouvoir, et le rempart désormais rassurant qui doit protéger nos futures sociétés.

Cette primauté de puissance et d'honneur au sein des nations, qui éblouit et fascine les yeux de l'ambitieux avec un charme si irrésistible ; ce faîte des grandeurs pour lequel tant de vies ont été sacrifiées, tant de trames sourdes et criminelles ourdies, tant de forfaits consommés ; cette dignité sans égale, la première de l'humanité, subjugue par de fatales impressions celui qui, tout à coup, vient s'asseoir à ce haut rang, et qui, entrant en rapport avec tous les peuples, donnant des ordres et étant obéi partout, étendant les bras dans les deux hémisphères, semble bien moins un homme qu'un Dieu placé à la tête des nations. Son amour-propre, enivré de la contemplation intuitive de l'immense honneur dont il est revêtu, ne souffre plus de critique, se révolte contre l'importune surveillance de la censure, s'indigne des représentations de ses anciens égaux, de ses amis, comme d'une atteinte portée à la gloire de ses lumières, et à l'infaillibilité de ses jugements ; la République, c'est lui ; la liberté, c'est lui ; c'est en leurs noms qu'il vous donne des chaînes, qu'il a recours aux moyens les plus violents pour vous opprimer ; quiconque s'élève contre sa personne, s'élève par là même contre la République, dont il est l'organe, la figure symbolique, ou plutôt la réalisation matérielle, ni plus, ni moins.

L'empire d'un égal est forcément plus sévère; il n'est pas rare que, pour obtenir l'obéissance, on soit obligé de changer un chef nouvellement élu, parce qu'il serait mal obéi de ceux qui naguères étaient ses égaux. On se soumet facilement à des lois que l'on a faites, parce que c'est se soumettre à ses propres volontés; mais on ploie avec peine devant un maître que l'on a nommé, parce que ses volontés, loin d'être toujours les nôtres, les heurtent de front et en brisent le fier orgueil. Le chef élu, qui ne doit poser qu'en fugitif sur le trône d'une nation, s'appuiera, s'il y a quelques dispositions pour s'y maintenir, sur la force respectable des multitudes égarées; c'est l'histoire exacte des ambitieux de tous les siècles. Voyez Pisistrate à Athènes, Denys-le-Tiran à Syracuse; sur quelle puissance se sont-ils étayé dans leur usurpation? Les empereurs romains les plus abjects et les plus cruels, pouvaient se livrer impunément aux forfaits, en donnant du pain et des spectacles à la foule avide; César, appuyé sur les masses populaires, mettait le sénat à ses pieds, et eût pu se faire donner toutes les libertés de cette grande république. Rappelez-vous ce que fit naguères un intriguant dans la république du Paraguay.

Les heures de la belle saison s'écoulent sans travaux, sans gain rassurant, sans économie; parvenus à l'époque de l'inactivité et des frimats, que feront sept à huit millions d'ouvriers qui, avec des dettes, sans crédit, les mains vides, n'auront dans le cœur aucun espoir fondé de ressources pour longtemps? Si, dans les dispositions qui l'animent, la France

croit devoir faire, sur les ruines du commerce et des industries, et dans un état de chose qui n'est propre à inspirer
aucune confiance, une nouvelle expérimentation d'une élection de son premier chef, c'est pour les populations une
grande infortune. Eh Dieu ! que m'importe à moi et aux classes
populaires, que ce soit celui-ci ou celui-là qui soit placé sur
nos têtes, sous un nom ou sous un autre ? puisqu'il faut toujours obéir, et que les dangers d'une tyrannie de domina-
tion sont les mêmes ? Je voudrais voir sur le trône une stu-
pide face simiale, un brut soliveau, une de ses productions
privilégiées devant lesquelles s'agenouillait la savante
Égypte, une muette statue ; que m'importerait si ce premier
moteur suffisait pour faire aller les immenses rouages de
cette machine politique qui menace de nous broyer ? Il n'est
point aujourd'hui d'homme du peuple, de quelque sens, qui
ne comprenne parfaitement que, pour nous Français si lé-
gers, si impatients de la contrainte et du joug de la subordi-
nation, si turbulents, l'élection du chef suprême de l'État
est le contrepied du progrès dans les voies de la civilisation
et de toutes prospérités, que développent la confiance et la
tranquillité publiques.

De quelle autorité suffisante jouira, pour comprimer ces
tourbillons de tendances opposées, de rivalités ambitieuses,
d'efforts violents en tous sens, pour opposer une barrière à
ce torrent d'irrésistible impulsion ; de quelle autorité, dis-je,
jouira un chef récemment sorti des flots de la population et
prêt à s'y confondre ? Tout ce qui a été vulgaire et trop commun excite notre dédain ; nés pour l'infini, nous cherchons,

en dépit de l'orgueil, quelque chose de supérieur qui approche de cet infini. Ce qui offre quelque image de grandeur nous captive, nous attache par un charme secret et invisible, indéfinissable, concourt à notre bonheur en nous élevant à la hauteur de l'objet qui nous est donné en spectacle; nous avons beau faire, nous ne nous défendrons jamais de l'influence toute puissante sur nous de tout ce qui porte une auguste empreinte. Plus un État a d'étendue, plus ses populations sont naturellement agitées, et plus il est nécessaire que le chef qui gouverne soit environné des signes de cette grandeur, qui exerce sur les volontés un utile ascendant, facilite l'obéissance aux lois, sert de point de ralliement à une immensité de dispositions disparates, en les rapprochant par les liens d'un sentiment commun, et dispense de cette sévérité dont a besoin le chef élu pour arrêter l'insubordination, et suppléer à cette autorité spontanée, à ce prestige mystérieux et si utile dont il est dépouillé. Son ministère est grand, il est sublime sans doute; mais, tandis que lui-même ne voit que sa grandeur et oublie ce qu'il a été, ceux qui ne sont point intéressés à le flatter, ne voient en lui que ce qu'il a été, ne sont point frappés de sa grandeur; ou, s'ils en aperçoivent des signes ostensibles et éclatants, ce n'est que pour en être choqués. Il faut bien faire les sociétés avec des hommes tels que les donna la nature [1].

---

[1] Sur leur vaste territoire, qui égale onze fois celui de la France, les États-Unis d'Amérique n'ont point à se plaindre d'un président élu pour cinq années; pourquoi la France, nous dit-on, ne se trouverait-elle pas bien d'un pareil chef? Il n'y a nulle parité; les États-

Quel que soit le chef suprême de l'État, électif ou héréditaire, formé par un seul membre ou composé de plusieurs,
il sera toujours irrésistiblement emporté vers le despotisme
et ses plus criants abus, si le pacte fédéral n'exige qu'il ne
puisse agir que par des ministres, et que ceux-ci soient
comptables de leurs actes, non point en général et va-
guement, mais chaque année, à telle époque, à tel jour dé-
terminés, devant une cour souveraine assistée de trois ou
quatre cents jurés pris sur tous les points de la France, et
parmi les électeurs de toutes les classes sociales ; cette res-
ponsabilité, non plus fictive, mais positive, directe des mi-

---

Unis d'Amérique, ne comptant que 17,000,000 de sujets dans les
limites de leurs immenses contrées, sont loin d'avoir, comme la France,
un trop plein de population, cause féconde d'irritation, de gène, de
dissentions intestines, de désordres, de population excessive, que l'on
ne saurait gouverner par une aussi grande simplicité de moyens.
Tranquilles et profondément moraux, les habitants clairsemés des
États-Unis du nouveau monde, pourraient se gouverner sans chef suprême et sans l'appareil des lois écrites ; — quel est le politique de
quelque sens qui oserait croire qu'il pourrait en être de même des populations si agitées de la France ? — Pour comparer entre eux deux
peuples, et en déduire quelques conséquences légitimes, il faut qu'ils
aient à peu près le même caractère fondamental, et qu'ils soient dans
les mêmes conditions d'existence. Le paysan russe, attaché à la servi-
tude de la glèbe, se trouve heureux, et il n'a nul désir de changer
son sort ; s'en suit-il que le paysan français pourrait de nouveau être
réduit à cet état d'esclavage, ou qu'il en porta autrefois aussi doci-
lement les chaînes sans les ensanglanter, et sans rugir dans les élans
d'une indignation généreuse ? Un Indien est immuable dans ses insti-
tutions et ses habitudes ; le Français, léger, inconstant, ami des nou-
veautés, succomberait de désespoir dans cette éternelle monotonie.

nistres et indirecte du pouvoir exécutif suprême, dont ils sont l'organe, sera pour eux cet esclave qui, placé sur leur char de triomphe, les avertira sans cesse qu'ils sont hommes, les mandataires de la Nation, ses commis; elle abattra les vaines enflures de l'orgueil, et tendra à modérer la fougue de ses inspirations tyranniques.

L'inconvénient grave de l'élection à court terme du premier chef de l'État, est de faire changer sans cesse de système politique, de ne permettre de suivre avec constance aucun plan de conduite, de s'écarter perpétuellement de la ligne de direction où on s'était engagé, d'introduire une désespérante confusion dans les affaires, et d'apporter de réelles entraves au grand résultat d'une politique rationnelle. Sparte, cette fière république, avait pour chefs des rois héréditaires; tandis que des empires despotiques ont des souverains électifs : ce n'est donc ni l'hérédité, ni l'élection du chef qui décident de la nature d'un gouvernement. Nos constitutions, avec les modifications libérales que nous avons démontrées nécessaires, tout en proclamant un président héréditaire, n'en formeraient pas moins la plus parfaite des Républiques.

Si le chef élu, nous disent-ils, est indigne ou incapable, la Nation, qui attend le terme de sa gestion, peut s'affranchir par un meilleur choix. C'est fort bien; mais autant s'en était-on promis de nos députés, qui sont électifs. Investis de la confiance publique, pouvaient-ils faillir à leur mandat, manquer à leur serment? Ils devaient se montrer jaloux de mériter l'honneur d'une réélection. Eh bien! quels ont été les résultats de ces magnifiques espérances?

Les députés, que tant de considérations devaient rendre à jamais incorruptibles, se sont vendus au pouvoir, pour des places, des grâces, des faveurs, des admissions propres à flatter la vanité; ils ont livré à leurs passions cupides, à leur incurie, à l'esprit de parti, à leur amour des frivolités et des plaisirs, leurs plus sacrés devoirs; leurs réunions, image d'une grande Nation, et dépositaire de sa puissance, n'ont ordinairement ressemblé qu'à des cohues informes et séditieuses; les successeurs qu'on leur a fréquemment donné nous ont-ils présenté de plus édifiants exemples? Nos ministres d'État jusqu'ici n'ont-ils point été électifs? a-t-on observé en eux pour cela un plus inviolable respect pour les lois et nos libertés, une plus héroïque abnégation de leurs propres intérêts, un plus entier et plus sublime dévouement à la chose publique? Irrité de leurs errements, vingt fois, depuis trente années, on a provoqué leur chute, et on a substitué à leur place ceux qui s'étaient déclarés leurs plus inexorables censeurs; quelles marques ceux-ci se sont-ils empressé de donner au pays d'une plus haute sagesse? Ils ont fait pis que leurs prédécesseurs, contre lesquels ils s'étaient acharnés, lorsqu'ils ne les ont point imité. Avant d'arriver au pouvoir, l'homme s'engage avec le feu de l'enthousiasme, prodigue les serments; mais est-il parvenu une fois à l'objet de sa fiévreuse ambition, les passions entraînantes qui se developpent ou qui le dominent l'ont bientôt emporté dans leur irrésistible torrent. Le gouvernement provisoire qui vient de passer sur nos têtes, et qui succédait à une monarchie abusive et écroulée, l'a surpassé en écarts

révoltants et en attentats à nos droits inviolables dans le
cours de son éphémère existence. Durant les périlleux es-
sais de nos premières révolutions, la France s'est donné,
dans diverses combinaisons et sous différentes formes, des
chefs électifs ; mais ces chefs, créés pour une courte durée,
ont exagéré les attributions de leur puissance, en ont vio-
lemment franchi les limites avec autant d'impudeur au
moins que les anciens souverains, dont ils s'étaient chargé
de faire abhorrer la conduite. Le Directoire, jaloux, impé-
tueux, colère, n'a-t-il point porté au dernier point d'audace
les sombres fougues de son humeur tyrannique ? La Con-
vention, une fois lancée, a dépassé toutes les bornes dans
ses déportements sanguinaires. Le Consulat, plus mesuré,
respectait cependant encore si peu les libertés indivi-
duelles, qu'il faisait jeter en prison un comédien, pour avoir
comparé à des coquilles de noix les petits bâtiments pré-
parés dans nos ports pour une descente en Angleterre ;
et qu'il interdissait au corps savant de l'Institut la liberté
de s'occuper dans ses séances de ce qui touchait aux
matières politiques. Faites-nous donc voir quels insignes
et admirables avantages nous avons à attendre du chan-
gement du chef suprême de l'État ? Il est visible qu'il est
plus facile d'arrêter les abus dans un chef héréditaire, que
dans un chef électif, parce que celui-ci, personnifiant en lui
la République, s'appuie, dans ses excès, sur la masse impo-
sante des suffrages qui l'ont nommé, et dont il se prétend le
noble et courageux interprète, tandis que l'autre se sent
plus isolé. Mais l'élection de ce potentat d'un moment par

une immensité de citoyens, se fera-t-elle toujours sans une
complication d'intrigues scandaleuses, de troubles et de col-
lisions acharnées ? La dignité royale était élective en Polo-
gne, et cette liberté si flatteuse pour un peuple, a été pour la
nation polonaise une occasion de déchirements, de guerres
intestines et sanglantes. Que gagnait-elle donc à élire ses
chefs, et cette liberté valait-elle la peine qu'on se baignât
dans des torrents de sang, et qu'on s'ensevelit avec un triste
courage sous les ruines fumantes de la patrie ? L'élection du
pouvoir impérial chez les Romains déchaîna sur l'empire le
fléau des discordes et des guerres civiles ; il y eut jusqu'à
trente empereurs élus à la fois, soutenus par autant de partis
armés et peu disposés à céder. Sous le malheureux Charles VI,
le choix d'un régent livra la France aux fureurs implacables
des factions pendant plus de trente années ; la même cause,
sous la minorité de Louis XIV, plongea la France dans un
gouffre de calamités et dans les horreurs des guerres intestines. Mais ne sait-on pas que, plus un État a de garanties de
tranquillité et de paix, plus les multitudes en ont de travail
et de bonheur. Lorsque le chef suprême d'un société doit être
élu, la seule incertitude de ses dispositions personnelles, des
sympathies qu'il saura exciter, des oppositions et des entraves qui lui seront suscitées, porte une atteinte fatale à la
confiance, aux opérations du commerce et des industries, et,
par une conséquence inévitable, à la fortune de l'ouvrier.
Vous prétendez qu'un chef suprême élu blesse moins la sus-
ceptibilité et l'égalité républicaine. Vous allez voir qu'il les
offense davantage ; car, en général, le choix d'un homme

préféré, comme supérieur en mérite à ses nombreux rivaux, froisse nécessairement leur amour-propre humilié, en exalte les secrètes animosités, en provoquent les vengeances. Celui qui est élu, ne l'est jamais à l'unanimité ; il est forcément imposé à ceux qui ne l'ont pas voulu, et qui le poursuivent peut-être de leur plus implacable haine. Le chef élu qui aura été déclaré le premier en capacités et en lumières, voudra le paraître ; il écartera et étouffera avec soin toutes celles qui pourraient faire ombrage à sa vanité ; un chef héréditaire, au contraire, favorise et encourage tous les talents, les sciences et les arts; leur gloire est la sienne, et la protection qu'il leur accorde est pour lui l'honorable acquisition d'un nouvel empire.

Quand un chef de gouvernement ne doit agir que par des ministres, il n'a pas besoin des ressources du génie pour faire le bien ; il peut remplir, avec profit pour le bonheur des peuples, sa noble tâche ; si, avec de l'ascendant dans le caractère, l'habitude des hommes et des affaires, il est bien intentionné, les lumières qu'il n'a point par lui-même, il les trouve dans ceux qui l'environnent et dans une foule de ses sujets.

Vous redoutez le faste du chef héréditaire; vous vous effrayez des démonstrations de son luxe ; mais, dans un État qui abonde en grandes fortunes et en grandes misères, le luxe ne peut effaroucher que l'irritabilité d'un orgueil insensé ; ces dépenses sont nécessaires pour faire refluer le superflu des classes opulentes sur les classes sociales indigentes, diminuer, sinon combler, la distance qui les séparent. Le défaut de luxe du chef élu, serait parmi nous une des calamités de ce genre de gouvernement. Le luxe des splendides équipages, des habitations et de leurs décors, de leur ameublement, les recherches de la parure, nourrissent des millions de travailleurs. Les lettres ne sont-elles pas du luxe dans leurs œuvres? Mais ce luxe ennoblit l'homme, échauffe son âme, imprime un généreux élan à ses facultés, et l'arrache aux abrutissantes impressions de l'abjecte matière.

Mais les députés de la Nation aux chambres législatives, ont-ils été plus scrupuleux, plus esclaves de leurs devoirs les plus essentiels que les ministres et les rois? la justice a-t-elle trouvé dans leur enceinte un écho plus fidèle de ses immuables et sacrées maximes? ont-ils prêté aux faibles et à l'innocent opprimé, qui invoquaient leur haute protection, un plus sûr appui? Les réclamations contre les violations flagrantes des libertés et des lois les ont assailli en foule; elles ont jeté au milieu d'eux les cris les plus perçants, mais n'ont été accueillis qu'avec indifférence; leur importunité a excité l'impatience, et les victimes de l'injustice n'ont obtenu généralement, pour réparation, qu'un barbare et désespérant ordre du jour.

« Législateurs de mon pays, dans vos temples des lois,
« vous vous êtes souvenus de vos plaisirs, vous vous en êtes
« menagé la jouissance assurée, et comme s'il se fût agi du
« salut de l'État, vous avez porté des peines sévères contre
« tout ce qui pourrait les contrarier; mais avez-vous
« pensé à assurer au peuple des ressources dans ses mo-
« ments de dure nécessité? avez-vous établi des lois qui

« lui garantissent du moins l'existence dans ses besoins
« extrêmes? Oh! non. Périront-ils de faim, ces hommes de
« peine, près des productions amoncelées de la terre, que
« leurs bras ont semées, qu'ils ont arrosées de leurs sueurs,
« et qui sont dues à leur infatigable labeur de chaque jour?
« Quand, vieillis par les travaux ils sont arrivés à une ca-
« ducité prématurée et à l'impuissance, le riche qu'ils au-
« ront nourri leur défendra de chercher à attendrir sa pitié
« par le spectacle de leurs besoins et de leurs maux [1].

Et dans un autre écrit sur l'exemption des patentes accor-
dées aux positions les plus riches, nous nous écrions :

« Français généreux ! vous qui vous coalisez et qui faites des
« sacrifices louables et sublimes pour affranchir des nations
« lointaines et les rétablir dans leurs droits, est-ce ainsi que
« vous pratiquez chez vous les lois de la justice et de la rai-
« son, et que vous respectez les cris les plus sacrés de l'hu-
« manité? Vous en laisserez-vous toujours imposer par des
« mots futiles? Ah! sans doute, les professions que vous
« nommez libérales, le sont envers ceux qui les exercent,
« puisqu'elles les gorgent d'or, les nantissent de gros béné-
« fices; mais est-ce un motif de les exempter de la dette
« commune envers l'État? Je conviens que les professions
« sur lesquelles vous pesez ne sont point libérales envers
« ceux qui les exercent, puisqu'elles les laissent souvent
« aux prises avec les besoins; mais est-ce un motif d'exiger

---

[1] Extrait d'un écrit de l'auteur, publié l'année dernière.

« d'elles plus de sacrifices qu'on n'en impose aux autres, et
« de les forcer de payer à leur place? »

On a vu nos législateurs empirer les lois qu'ils voulaient
perfectionner, rétablir un à un les privilèges de la féodalité
anéantis; on les a vu rejeter en masse tous les articles d'un
projet de loi, après les avoir successivement admis, con-
vaincus de leur équité, s'arrêter indéfiniment sur des minu-
ties sans intérêt, et glisser avec la rapidité du vol sur les objets les plus importants. Les lois, au sortir de l'urne de leurs
suffrages, n'ayant point une garantie suffisante de sagesse, le
bien général le plus pressant exige que, pour leur sanction
définitive, elles soient adoptées par la majorité des électeurs
de toutes les classes sociales, après un délai plus ou moins
long, selon la circonstance du temps et la nature des objets,
pour qu'elles puissent passer au creuset de l'expérience, y
manifester l'intégrité de leurs effets, révéler les modifications dont elles seraient susceptibles pour atteindre complètement leur but, et réaliser la plénitude de leurs bienfaits.

Le précieux apanage, la fondamentale liberté de l'homme
du peuple, est la liberté du travail; sans travaux et sans un
salaire suffisant, il n'a ni la liberté de satisfaire sa faim, ni la
liberté de se défendre contre la rigueur des éléments, de
couvrir sa nudité, de s'abriter sous le toit d'une chaumière;
il n'a point la liberté de réchauffer, durant le froid des hi-
vers, ses membres engourdis et glacés; il n'a point la liberté
de soulager ses douleurs, de réparer convenablement ses
forces épuisées à l'issue d'une longue maladie; il n'a point la

liberté entière de suivre la loi de l'honneur, d'échapper à l'infâmie du crime et à la vengeance des lois; il n'a point la liberté de nourrir sa famille, de ménager quelque instruction à ses enfants, de faire pour eux les frais d'un apprentissage, de pourvoir à leurs besoins, de songer à leur avenir; sans travail, l'homme des classes populaires manque donc de toutes les libertes naturelles les plus nécessaires; à quoi lui sert, dans son dénuement, le droit politique de voter pour des noms inconnus, qui ne se souviendront que de leurs intérêts?.... Pour le consoler, vous le proclamez un souverain! le malheureux, un souverain!..... Est-il, dans son état d'abandon, de détresse et de totale impuissance, une dérision plus cruellement amère?... autant vaudrait proclamer son opulence au sein de sa misère profonde, son excès de bonheur au milieu de ses tourments! Sans travail, l'ouvrier est victime de tous les esclavages, des hommes et de la nature; ses libertés politiques sont pour lui une décoration de luxe, qui n'est de mise que lorsqu'il ne manque pas du nécessaire.

Toutes les organisations du monde les plus éclairées, les plus ingénieuses sur le travail, n'en donneront pas la liberté à l'ouvrier, pas plus que les plans les plus habiles d'une grande ville ne sauraient fournir les moyens de la bâtir. Le travail est donné par les classes opulentes et aisées, par l'industrie et le commerce, par les travailleurs eux-mêmes qui, obtenant un gain honnête, consomment davantage; or, tant que l'État manquera de stabilité, et que, par l'élection de son chef, il oscillera parmi nous dans l'incertitude, la faiblesse, les agitations et les incessants dangers, le crédit public, le commerce et l'industrie flotteront dans de funestes langueurs, les bourses ne s'ouvriront qu'à demi, l'ouvrier sera forcé de disputer perpétuellement sa vie au douloureux aiguillon de poignants besoins.

Le plus creux de tous les rêves, est l'egalité des fortunes; l'égalité absolue des fortunes serait impossible à établir, plus impossible à perpétuer; réalisée aujourd'hui, déjà elle cesserait d'exister demain : les uns auraient diminué leur part par la fainéantise, par la dissipation, par des excès de débauche; les autres auraient augmenté leur portion par leur activité, par leur intelligence, et par les prévisions et les sacrifices de leur économie; l'égalité de la fortune est aussi impossible que l'égalité de la stature, que celles des forces corporelles, des qualités morales et de la puissance des facultés naturelles de l'esprit. Il est actuellement des individus qui possèdent, parce qu'ils ont amassé; il est des individus qui sont dénués de tout, parce qu'ils ont tout englouti ; pour établir l'égalité des fortunes, il faudrait donc ôter aux premiers le fruit si légitime de leurs fatigues et de leurs dures privations, pour en faire présent à l'incurie, à la prodigalité, aux mauvaises mœurs, et donner des primes d'encouragement à la paresse et aux vices les plus déhontés! Ce serait l'acte le plus inique, le plus immoral, le plus scandaleux qui puisse être commis par une association d'hommes; une société humaine assise sur de pareilles bases, ne serait pas même comparable à une coalition de brigands.

Cependant, tous les hommes étant nés membres d'une

même famille, et ayant les mêmes droits radicaux à l'héritage
commun, qui consiste dans les biens de la terre; si les constitutions sociales, pour des considérations décisives, laissent, par leurs lois, aux particuliers la liberté d'acquérir
vingt fois, cent fois le superflu, c'est à condition que les autres pourront au moins obtenir, par d'épuisants travaux, le
nécessaire; et que, quand il ne leur sera plus possible d'ar-
racher à la dureté du sort ce nécessaire, il leur sera donné
du patrimoine commun, à moins qu'ils n'aient mérité, par
quelque crime, d'être complètement déshérités et de périr.
Or, à quel plus digne usage les domaines immenses que la
France vient de recouvrer sur la famille royale bannie [1]
peuvent-ils être destinés, qu'à garantir, sur la fin de leur
carrière, l'existence des classes laborieuses réservées à
l'abandon et à toutes les angoisses de l'indigence? Ces biens
ne serviront plus, il est vrai, à soutenir la splendeur d'un

---

[1] Ces biens appartiennent pour la plupart doublement à la France,
et parce qu'en 1793, le duc d'Orléans ayant jeté son bilan, l'État prit
ses biens et paya ses dettes ; et parce que les biens de tous les princes
français, ayant appartenus autrefois à la Nation, n'ont été et n'ont pu
être donnés par les rois qu'en usufruit, aux membres de leur famille,
pour soutenir la dignité de leur couronne ; les rois n'étant que les dé-
positaires des pouvoirs sociaux d'une Nation, et les administrateurs
purs et simples de leurs intérêts temporels, ne peuvent disposer de
ces biens immeubles en propriété; la Nation elle-même, étant mineure,
ne peut les aliéner que dans des cas extraordinaires, et pour des motifs insolites et suprêmes ; ces biens étant donnés pour soutenir la
dignité de la couronne, dès que la couronne tombe, il n'y a plus de
dignité à soutenir, les biens reviennent à la Nation.

trône; mais ils serviront à relever la dignité de la nature humaine dans une foule de ses membres maltraités par le sort, et que la misère, au terme d'une vie mourante, plonge dans l'abjection et dans les intolérables tortures d'impérieux besoins mal satisfaits ; ils fourniront à la société les moyens de réintégrer une des classes sociales des plus utiles et des plus intéressantes, et d'en réhabiliter les sujets dans leur inaliénable droit de citoyen, dans leur qualité d'homme et d'enfant du même auteur suprême. C'est un devoir rigoureux pour la Nation de s'acquitter de cette dette sainte, de réparer un des torts graves du passé ; le moins qu'elle puisse faire, est de sustanter, dans les infirmités de leur précoce vieillesse, ceux qui l'ont fait vivre par de durs labeurs, et qui ont contribué si puissamment au développement de toutes ses prospriétés. La dotation des derniers moments des classes ouvrières s'accroîtra des biens qui surviendront à l'État par droit de déshérance ou par défaut d'héritiers, de ceux qui lui seront adjugés par les confiscations légales. Des personnes généreuses qui dotent richement de pieuses communautés, finiront par comprendre qu'elles contribuent par là à les faire dévier de l'esprit de leur état et à les corrompre; elles tourneront les vues de leur bienfaisance et leurs largesses vers le soulagement de la vieillesse des classes ouvrières pauvres. Une fête civique et solennelle, chaque année, sera célébrée pour préconiser leurs pieux bienfaits, bénir éternellement leur mémoire et exhorter les autres à les imiter [1].

---

[1] Parmi les motifs que nous avons négligé de faire valoir, contre les

changements électifs du chef suprême du gouvernement, nous n'avons
point observé que les classes opulentes de la société règlent leur luxe
sur celui du chef de l'État ; luxe indispensable pour alimenter les industries et fournir du travail et du pain aux classes laborieuses ; mais
que le chef électif de l'État étant récemment sorti du sein de la population, n'osera déployer le luxe qui conviendrait à sa dignité, pour lui
concilier de l'ascendant, parce qu'affectant l'appareil de la pompe
royale, il paraîtrait oublier sa condition primitive, et révolterait l'orgueil de ceux qui l'ont nommé ; les changements du chef du gouvernement ne sont donc point favorables aux entreprises des arts indus-
triels, ni aux peuples qu'elles nourrissent. Qui ignore que plus une
famille change fréquemment de domestiques, et plus mal elle est servie?
Les mêmes inconvénients ont lieu pour une grande Nation ; plus elle
changera souvent ses chefs suprêmes, qui sont aussi ses domestiques,
et plus elle sera mal servie. Lorsqu'un chef souverain est récemment
nommé, il est pour lui un apprentissage au poste le plus élevé de
la société plus que dans les autres. De là la timidité du début, les
hésitations, la faiblesse d'impulsion donnée aux affaires, ou les
démarches téméraires ; de là, les résultats fâcheux sur la confiance publique et l'activité dans les opérations industrielles et commerciales,
et l'élan des prospérités publiques. Le chef élu manque toujours, au
détriment de l'obéissance, du prestige de grandeur attaché à une
haute naissance ; pour remplacer cette autorité morale qui impose aux
populations, quoi qu'on en ait, il est obligé d'user de plus de sévérité,
et, ce qui revient au même, de restreindre davantage nos libertés ;
l'élection du chef suprême de l'État n'est donc point, pour des peuples
turbulents tels que nous, une perfection du gouvernement républicain, elle en est un défaut, puisqu'une république est d'autant plus
parfaite qu'elle nous garantit une plus grande étendue de nos libertés.
Pour acquérir cette puissance d'ascendant dont il est dépourvu, le
chef élu se rend invisible, mystérieux, inabordable ; à cette élévation
d'où il domine un vaste État, entouré d'hommages inaccoutumés, de
flatteries et d'adorations, la tête lui tourne, il s'imagine qu'il ne doit
qu'à son mérite la grandeur où il est parvenu; qu'on a été forcé de faire
choix de lui parce que nul autre n'était capable de prendre les rênes de
l'État et de le sauver des plus éminents dangers actuels ; qu'il a fait
trop d'honneur à la Nation de se charger d'elle ; je suis persuadé que tel

est dans le secret de leur cœur, la pensée de plusieurs de nos gouvernants. Tout le monde connaît l'arrogance extrême des nouveaux parvenus en thèse générale. Le gouvernement républicain, dont le chef est électif, est donc, pour des Nations du caractère de la nôtre, celui qui s'accompagne le plus de faiblesse, de prétentions hautaines, d'insolence ; toutes ces choses marchent de pair. Le chef qui a été élu comme supérieur en mérite s'appliquera à tenir à l'écart toutes les grandes capacités, toutes les hautes aptitudes qui pourraient rendre à la société les plus éclatants services ; son amour-propre craindra d'en être écrasé. S'il a dans l'âme une de ces dévorantes ambitions qui ne sont point rares, et de grands talents ou beaucoup d'audace, il s'appuiera sur une partie de la Nation, sur la plus grande force matérielle, pour enchaîner l'autre dans l'oppression, et se perpétuer au pouvoir. Si l'État, pendant vingt-cinq ans, n'a qu'un chef, il n'a qu'une dynastie ou une famille à enrichir ; mais si durant le même temps, il a sept à huit chefs différents et successifs, ce sont sept à huit dynasties ou familles à enrichir, avec leurs parents éloignés, leurs favoris, leurs recommandés, en un mot, l'immense troupe de leurs faméliques adulateurs ; après avoir gorgé l'une, il faudra s'épuiser pour gorger l'autre. Certes, il n'y a que des dupes ou des ambitieux alléchés par les abords du rang suprême, qui puissent regarder comme un progrès pour nos libertés et notre bonheur, de changer souvent le chef de l'Etat. Voulez-vous obvier aux abus des chefs héréditaires ? Etablissez, dans votre pacte social, qu'ils ne commanderont leurs armées que par des généraux, qu'ils n'administreront l'État que par des ministres, que ceux-ci seront appelés chaque année en jugement, à tel jour déterminé, à la barre de la Nation, devant une cour souveraine chargée d'entendre toutes les plaintes, et de condamner ou d'absoudre ; exigez que les emplois, qui sont entre leurs mains des instruments de corruption, soient donnés par des élections, par des concours et par des dispositions légales réglant l'ordre des avancements. Par ces mesures, vous jouirez de tous les avantages que pourrait procurer le plus parfait gouvernement à chef suprême électif, et vous échapperez aux nombreux inconvénients dont il s'accompagne, que nous avons développés dans tout le cours de cet écrit.

IMPRIMERIE DE CH. DURIEZ, A SENLIS.

.

www.ingramcontent.com/pod-product-compliance
Lightning Source LLC
Chambersburg PA
CBHW072025290326
41934CB00011BA/2886